푸른 눈

오정환 시집

차례 • 푸른 눈

1

011 　등대
012 　인연
013 　외줄타기
014 　걸레질
016 　소주
017 　그림자
018 　대숲에서
019 　연못
020 　이슬
022 　백 년
024 　해변에서
026 　고요
027 　첫 나들이
028 　봄
030 　목련
031 　억새밭
032 　호수
033 　돌멩이
034 　복사꽃
036 　날개짓

037 눈썰미
038 달빛
039 무명초
040 망태버섯
041 반디불이
042 한 순간

2

047 손님
048 좋은 시
050 말
051 늦가을
052 백암 가는 길
053 포충망
054 사막
055 석모도
056 쇠금
057 완성
058 강진 다산초당
060 건상
061 체조

062 　꽃 피우기
063 　순금
064 　다시 봄날은 간다
066 　재활용 센타
067 　그리운 골목
068 　발
069 　이슬비
070 　어둠
072 　아침 소망
074 　노자 마을
076 　3월
077 　마음은
078 　첨성대
079 　흰 고무신
080 　콩나물 콩
082 　탑

3

085 　돌담
086 　우리 쌀
088 　11월 11일

090 굴뚝 연기
092 동대문
093 제부도
094 영산 줄다리기
096 박연에서
098 만어사 돌길
100 대천천 애기소
102 다리
103 부산항
106 유엔 공원
108 통영에 가면
110 달마산 미황사
111 구룡포 간다
112 무위사
114 땅끝에서 보길까지
117 호두
118 애월 바다

시인의 산문
120 물에 대한 생각

1

등대

알고 있나요
저에게 그대는 흙냄샙니다

무인 등대로 반짝이는 불빛
멀리 있는 그대 그리워하는
저의 눈빛입니다

바다에서 비롯한 남풍 타고
봄은 소리 없이 날아갑니다

뭍, 우거진 풀숲 벌레 울음
그대 향한 저의 숨소립니다

인연

상자 포장지 끈
굳게 동여매여 있다

종이끈도 잘 묶인 천 끈도
예쁘기만 하여 자를 수 없다

무디어진 손끝으로는
풀어내기 어려운 매듭

칼, 가위 생각하지 말자
나에게 정성으로 보내 온
곱디고운 끈 매듭

외줄타기

허공
한 줄 동아줄에 내건 목숨

혼신의 발바닥으로 발가락으로
더듬어 나아가는 길 찾기
허튼 생각이나 비바람마저도
용납될 수 없는 짜릿한 집념의 길
부챗살 펼쳐 균형 잡을 뿐

허공
아슬아슬 걸린 저 끈끈한 외줄

걸레질

반드시
무릎부터 꿇어야 하고
숨결부터 가다듬어야 하는
저 역동의 경건한 자세
아래로
바닥을 굽어보는 성찰

언제 어떻게 비롯하였나
때 묻은 살림 닦는 일
땀 흘리며 닦고 또 닦아온
어머니의 어머니
그 전 어머니 적부터의
세상 가장 단순한 수고로움

고단한 하루를 접고
내일을 겨냥하는 마음

훔치고 밀어내는 것이
어찌 흙먼지뿐이었겠나

소주

이보다 더 맑고
이보다 더 투명할 수 없다

잔 시울에 비치는 이마
마른 입술 축여 만날 때
목젖 가득 치미는 뜨거움

찬바람 속에 벗어 던진
지난날의 사랑과 아픔
배어나는 쓰디 쓴 눈물방울

이보다 더 맑고 이보다 더
투명할 수는 없다

그림자

잠들어도 술 취해 흔들려도
섬광처럼 어둠 가르는 불빛 있어

환한 그림자 그 밝은 빛으로는
스스로의 투영마저 알지 못하듯

저렇게 밝은 햇살, 눈부심마저
그늘 펼치는데, 내 잠든 정신

흔들리며 가물가물 스러지는 어둠
깜깜한 어둠 속에 잠길 수는 없어

대숲에서

대숲에 들어
마른 대 쳐낼 때
손가락 끝에 맺히는 핏방울

시퍼렇게 날 세운 바람 속에서
바늘처럼 날카롭게 눈뜨는 햇살

때로 허옇게 갈라지기도 하지만
흔들리며 소리치는 목멤의 생애

바람 앞에 칼부림도 서슴지 않는
저 푸른 서슬, 푸른 댓잎

연못

잠깐도
쉬지 않음은 무섭다
눈 감지도 잠자지도 않고
빗방울 떨어져 바위 뚫는
아득한 세월이 겁이라면

짜디짠 소금물 만날 때까지
천 삼백 리 흘러내리는 강물
저 먼 태백의 황지
작은 연못임을 아는가

순간도
멈추지 않고
솟기만 하는 물 무섭다
유장하게 흐르는 강줄기
산정 바윗돌 구멍보다

이슬

모두
바다로 가야 하는 것은 아니다

한 방울 튕겨난 빗물이었거나
풀뿌리 머금었던 샘물이었어도
강으로 가야 하는 것은 아니다

불같은 뙤약볕 소나기 너스레로
갈라 터진 흙덩이라도 적신다면
추운 날, 진눈개비 섞여 떨어져
엉겨붙은 흙먼지 녹일 수 있다면

거친 바람 안간힘으로 바둥대며
그렇듯 땀 밴 손 놓치지 않으려
세상 누구와도 함께 어깨 곁고
텁텁한 숨결 나누며 가야 하는가

강으로 바다로 가는 길 다 버리고
이른 아침 깨어났다 스러지는 이슬
잠깐 동안 저 해맑고 영롱한 생애

백 년

넉넉하게
백 년이라 하자

정신 놓을 때
팔다리 관절 풀어둘 때는
그보다 좀 더 이전일 테고
안개처럼 스쳐 온 길목 되짚어 보면
보고 듣지 않았어야 할 것들 얼마일까

단순한 빛받이로
모양새로 퇴화해버린 눈과 귀
안타까움도 부질없는 일이 되고
겨냥하고 만지는 감각마저 흐려질 때

어둠의 건너편까지
환하게 밝히던 그 불꽃 사그라지고
두개골 속 전두엽 잎새 마르기까지

아무리 길어도
백 년밖에 더 되겠는가

해변에서

저 깨알 같은 눈
수없이 많은 모래알들
쓰다듬는 들숨과 날숨의
그 짧은 간극에 뜻이 있다

온몸 다 던져 부서졌다
다시 밀리는 물살 만나는
해변과 파도의 생애
잠깐 동안의 물거품 시간

역류하는 흐름 위에서
유유히 눈 붙이는 여유
그 짧은 안도의 숨결에
진정 뜻이 담겨 있다

방파제 벼랑 타넘으며
모조리 쓸어낼 것 같던

그런 완력이 아니라
부서지면서 잠깐 드러내는
흰 이빨의 울음소리에

고요

흥건하게
넘쳐흐르는 달빛
한 점 바람 없어도
미세하게 창문 흔들리는
이냥 이대로의 고요

경쾌한 연둣빛 날개옷
흰 그림자 길게 드리우고
오래 전 모습 그대로
아스라한 연기처럼 피어나
부드럽게 감겨드는 감촉

뜨겁지도 차지도 않고
김 서림 없는 미지근함
맨발로 담그지 않아도
이냥 이대로의
빛나는 고요

첫 나들이

오월
따스한 봄날 오후
싱그러운 연둣빛 세상
바람도 금싸라기 햇살
함부로 날리지 않을 때

쉬-잇!
배냇머리 송송한 새 아기
눈 감고 연신 하품 하며
젊은 엄마 품에 안겨 있다

방 밖으로의 첫 출입인가
아기는 부신 눈 뜨지 못하고
엄마 곁에 다가앉는 할머니
주름진 뺨 부비며 웃고 있다

봄

틈 날 때마다
마음속으로라도
작은 텃밭 하나 일굽니다

차 마시는 시간이라도
눈길 창밖으로 보내고
찌든 마음의 그늘
빛나는 햇살에 펴 말립니다

푸성귀로 돋을
작은 씨앗 뿌려 두고
유리창 타 내리는
몇 차례 비 그치고 나면

어쩌면 노오란 잎
그 예쁜 연둣빛 무더기

눈 비비며 일어나는
푸른 벌판일지 모릅니다

목련

나무가 피워 내는 연꽃
목련은 발돋움 없이도 높이 서서
머리 위 어깨까지, 때깔 고운
하얀 살빛 꽃잎 주렁주렁 매달고
잎새 한 잎 내밀지 않은 구름밭

솜사탕처럼 마냥 부풀어 올라
아직 찬바람 귓전 때리는 계절에
봉오리 모두 북녘으로 돌려 세워
거친 바람 감싸 안는 북향화
세상 먼지 닦아내는 목련

억새밭

가파른 등성이
숨차게 올라서야
볕 바른 벌판 다다르고
밤낮으로 바람 잘 날 없는
마른 흙먼지의 산정에 서서
애당초 꽃이기를 바랐겠냐만
나뭇잎들마저 빨갛게 노랗게
꽃빛으로 물들이는 계절

부스스 어지럽고
허옇게 센 머리털 풀어헤쳐
물결 함께 출렁이는
목쉰 노래 소리, 아
장엄한 화엄세상

호수

잔잔한 물
갇혀있는 호수를 보면
바람 불어도 흔들림 없는 물 속에
발이라도 마음이라도 담그고 싶다

가라앉지 못하고
떠다니는 마른 가지
새들이 떨구어 놓은 깃털 젖히고
마음만으로도
한쪽 발이라도 담그고 싶다

먼저 들여놓은 하늘
찰랑이며 나뭇잎 뒤흔들고
물속 더 깊이 가라앉은 산그늘
새 울음소리도 듣지 못한 채
함부로 덜렁이는 내 발

돌멩이

모서리 닳은 조약돌 보면서, 나도
모서리 닳아버린 돌멩이가 되어
흐르는 물에 이리저리 떠밀리고 싶다

한 자리 붙박혀 퍼런 이끼 깔고 앉은
거대한 바윗돌은 싫다

유유히 흘러가는 물살 받으며
작은 물고기 가벼이 떠다니듯
느긋하게 유영하는 돌

제 풀에 가라앉는 모래더미도 싫다
고동처럼 물방개처럼 살아 숨쉬며
손끝 발끝 조찰하게 씻어 내리며
맑고 가볍게 떠밀리고 싶다

복사꽃

제 홀로 터지는
복사꽃 망울 망울들

은밀히 감추었다
펼쳐내는 사월
저 도홧빛 하늘

저희끼리
저희들 언어로
지저귀듯 피건 말건
아무 말 하지 않고
흔들지도 깨우지도
말아야 하는데

눈 감아도 스미는
큼큼거림, 놓칠 수 없는
아, 이 향기!

죄 짓더라도
어쩔 수 없어
열매에 이르기 전까지는

날개짓

태초에 어둠뿐이었고
혼돈의 바람 비롯하였는데
자취 없이 사라져 간 것들

불태워버리면 그만일 것
바람에 분분한 가루 날려 보내면
없어질 것 같지만, 재가 된 어둠
펄럭이는 날개짓 따라 바람 일고
바람결에 불씨처럼 눈뜨는 것

까맣게 잊고 있었던 아픔
태우고 날리고 뭉갠 찌꺼기들
꽉 다문 어금니만이 아니라
암벽으로도 만년설로도 굳지 않고
춤추는 물살처럼 되살아나는 것

눈썰미

가벼이
커튼 밀어젖히듯
찌푸린 하늘 휘저어
어둠 속을 마구 헤친다

숨어있는 흰 수염투성이
햇살의 금빛 실오라기를
이 흐릿한 눈썰미 따위로
어찌 매달아 놓겠는가

겨울은 어김없이 오고
세상은 또 다시
굳게 못질되어 닫힐 뿐

달빛

대숲에는
성긴 바람 불어도
댓잎들 소리쳐 울지만
바람 그치고 나면
달빛만 남아 있고

기러기 무리
잠깐 호수 지날 때
물 위에 스치는
어지러운 물결 그림자

그리고는
고요한 달빛만 남아
물결 얼룩 닦아낼 뿐

무명초

이름 모를 꽃
그 이름 모름만으로도
충분히 신비롭고 곱고 예쁘다

오직 색깔이나 모양새 따라 누군가
억지로 붙여놓은 이름의 낯설음보다
무명초 무명화로 한 생애 지내다

씨앗 한두 톨 남기든 아니든
바람 속에 묻혀 가버리면 또 어떤가

망태버섯

왕대숲 속 망태버섯 아시나요
물안개 잦아드는 이른 새벽
밤새 한 잠도 자지 않고 짜 늘인
하얀 실 너울 엮어, 장식처럼
머리에서 다리까지 둘러쓰고
신부처럼 성장하는 버섯

아무리 보아도 망태는 아니고
레이스 붙인 우아한 뜨개질 솜씨
실뱀 우글대는 젖은 왕대숲 속
햇살 퍼지면 이내 스러져버리는
꿈같은 망태버섯 아시나요

반디불이

여름 끝자락
송림 아래 풀숲 더미 위
반딧불이의 발광을 본다

어둠 깔리는 하늘을 배경으로
바람에 나부끼는 잿불 같더니
내 호흡 따라 빨간 불 켠다

춤추듯 펄럭이는 작은 불씨
서늘한 밤기운 빨아들이며
연방 피워내는 담뱃불처럼
발갛게 밝았다 사라지는 불빛

내 아슴아슴한 맥박소리

한 순간

비 내릴 때
추녀 끝 낙수가 이룩하는
저 한없는 물방울 물방울들
허공에 맺혀있는 한 순간
어느 보석 이보다 빛나는가

서늘하게 맑은 눈 속에
결가부좌의 차가운 정신 깃들어
고요와 순간의 경계에 잠깐 머물다
번쩍 섬광처럼 사라져 가지 않는가

점화의 순간처럼
불씨 활활 살려내고
투명한 이슬방울들 난잎 기르듯
햇살 더불어 꽃 피우지 않는가

동그란 결집의 고결한 열매

순식간 떨어져 박살난다 해도
눈물 같은 물방울의 찬란함
저 섬칫하게 빛나는 눈빛

2

손님

새벽이었으면 좋겠다
초저녁 곤하게 잠들었다 깬
이른 새벽, 창문에 푸른 물결
무늬져 출렁이는 미명의 새벽
그런 시간이었으면 좋겠다

나른한 하오 지친 어깨 흔들거나
시도 때도 없이 불쑥 찾아 와
손 내밀며 황당하게 하지 말고
적당한 공복의 시간, 책상머리로
나를 찾아와 주었으면 좋겠다

은쟁반 하얀 모시수건 아니라도
경건한 성자처럼 그대 맞았으면
신선한 새벽바람 옷자락에 매달고
크라이슬러 사랑의 기쁨처럼
그렇게 찾아왔으면 좋겠다

좋은 시

−할머니 손길

의원도 약국도 흔치 않던 시절
낮에 잘 먹고 잘 뛰놀던 아이
경기 급체로 파랗게 넘어갈 때
한밤 닫힌 의원 집 유리창 두드리다
그도 안될 때, 부랴부랴 찾는 할머니
조용히 쌈지 바늘 꺼내들고 머리 위
쓰윽 쓱 문지르다가 아이 손끝 발끝
따끔하게 따면, 바로 울음 터뜨리며
되살아났던 우리들의 어린 시절
한 숟갈 아주까리기름 떠먹이고
아이 뱃골 쓰다듬던 그 할머니 손길

언어의 경락과 급소
꽉 막힌 숨길 열 수 있으면
그대로 살아 펄떡이는 시 아닌가

-수타면 달인

밀가루 반죽 매만지고 두드려
갑절 갑절로 가닥 수 늘여가다
마지막 숨 멈추는 심혈의 순간
더 이상 뽑아낼 수 없는 한계
실 같이 가느다란 면발 뽑아들고
유유히 바늘귀 관통시키는 요술
중국집 그 수타면 달인의 웃음

쫄깃한 탄력의 언어로 반죽하여
저렇듯 두드려 뽑아낼 수 있다면
면발 고운 또렷한 시 아닌가

말

모두 잠들 때
바람도 산도 잠들 때
도무지 잠들 수 없는 바다
파도처럼 살아나서 소리치며
품속에 묻어도 묻히지 않고
꼼틀꼼틀 머리 쳐드는 말

꽃잎에도
저 묵묵한 바윗돌에도
뙤약볕 내려쬐는 모래알에도
시들지도 흩어지지도 않는 말
시퍼렇게 살아 눈 뜨는 말
입 밖으로 날릴 수 없는
가슴 깊이 묻어놓고
날밤 세우는 말

늦가을

박인환 시인의
쓰러진 술병 속
목메어 우는 바람

하늘을 달리는 목마
방울소리에 낙엽 지는
빳빳이 깃 세운 늦가을

백암 가는 길

지상에 내린 눈 모두 녹은
다사로운 버스 차창에 떠오르는
굽이굽이 돌아가는 길목 저편에
문득 펼쳐지는 세한 진경의
거대한 산수화 있다

누군가 하늘 위에서
엄청나게 큰 모필 휘둘러
그려놓은 저 진경 산수화

무심히 가라앉힌 필묵으로
한 일자 수백 수천 번 헤아려야
기승전결의 묘 겨우 깨닫는다는데
저 거룩한 붓자국에 이른 세월은
그 얼마나 길고 아득할까

포충망

늦은 저녁 땅거미 질 때까지
고단한 경위를 짜 늘이는 거미
하산 길 길목 가로 막는 거미줄

팔랑 날아오르는 나비 한 마리
오랜 밤 쉬지 않고 잎새 갉아 먹고
다시 몇 잠 애벌레 시절 넘긴 후
빛 한 톨 들지 않는 스스로의 영어
촘촘한 고치의 번데기 겪고 나서야
얇은 종이 날개 돋아 오르는데

안개처럼 어두워지는 산길 길섶
거미는 밝은 내일 겨냥하며, 밤새
끈적한 포충망 짜 늘이고 있다

사막

언제 어디서나
건조한 초침의 시간은
모래알 뒤덮인 사막이다

바람이 등 떠미는 대로
끝없이 펼쳐진 모랫길을
서걱이는 어금니 깨물고
홀로 걷는 낙타가 된다

초침의 목마른 펄럭임
모래알 실어오는 바람에
거친 눈썹 휘날리면서

묵묵히
억지 선지자 되어
걸어야 하는 낙타의 시간

석모도

늦가을
해질 무렵 강화 석모도
기러기 무리지어 떠나가는
장려한 저녁놀의 해변 위로
바람 거슬러 한 획 어긋남 없이
날아가는 저 또렷한 그림 글씨

염전 자리엔
흰 눈처럼 서리 내리고
몇십 년 전 옛 모습 그대로인
낯익은 골목길을 돌아 나올 때

하늘 저편
찰싹이는 파도 헤치고
불길 속으로 날아드는 기러기 떼
일제히 적막 터뜨리는 울음소리

쇠금

수백 도
뜨겁게 지핀 불 속에서
녹아내릴 듯 달구어져야 하고

거듭되는 오랜 담금질 버텨내고
수백 차례 내려치는 매를 맞고도
혼신의 아픔 견뎌야, 비로소
단단한 근골의 강철이 되는 무쇠

순도 99.9 퍼센트
불순물 찌꺼기 깡그리 걸러낸
더없이 잘 정제된 금이라야
어둠 속에 던져도 빛을 발하며

반짝이는 눈
발광생물처럼 살아있는 금이라야
비로소 쇠금 아닌가

완성

잠시도 쉬지 않고 꼬물대는 손
젖병 물고도 무엇이든 잡으려 하는
보라, 저 여리고 부드러운 손결

손가락 내밀면 바로 잡아채는 손
태어나 한 번도 일어서 본 적 없는
더없이 곱고 통통한 발바닥까지

직립보행과 도구 사용하기까지
무한한 사유의 사피엔스 사피엔스
똑바로 일어서서 하늘 향하기까지

발끝만으로도 쓰러지지 않을 때까지
얼마나 많은 시행착오 겪어야 하나
조급한 단기 완성 말하지 말라

강진 다산초당

외롭고 고통스런 유배생활 십 년
계곡물 끌어와 폭포 연못 만들고
세상 무상 스스로 운명 헤아린 곳

하늘 바로 보고 백성 긍휼히 여겨
초당 마루에 목민, 흠흠신서 붓끝 날려
밝은 빛 올바른 개혁 세상 꿈꾸던 곳

백련사 혜장선사 찾아가는 대숲 고갯길
흔들리는 댓잎 속 깊은 사유 확신하고
구강포 내려다보며 형 약전 그리던 곳

솔방울로 정석 바위에 찻물 끓이며
벼슬 버리는 책읽기, 참된 학문의 길
죄인 자식 아들에게 편지 썼던 곳

동암 빛나는 보정산방 위에
아, 추사의 날카로운 눈빛 깃든 곳

건상*

치마 들어올려도 종아리까지는 아닐 테고
희고 고운 발 맵시 있게 버선으로 가린
외씨버선 승무 같은 발끝도 아닐 것이지만
사랑이라는 한없는 마음을 입으로 입술로
어찌 대면대면 나타낼 수 있었겠는가

문장은 하늘도 뛰어 넘는 무상의 달관이나
감히 어설픈 필설로 전달할 수 있었겠는가
치마 자락을 발놀림 방해받지 않을 만큼
살며시 들어올리고, 장차 무한한 함축 머금은
은밀한 소통, 저 우아하고도 잰 발놀림 언어

*건상: 치마를 걷어 올림. 여인의 사랑 고백 모습 〈詩經〉

체조

아무리 높이 치솟아 보려 해도
지상에서 이 땅바닥에서 뗄 수 없는 슬픔

드리워진 업보의 질긴 끈에 매달린 발바닥
허공을 질러가는 바람, 떠다니는 구름들은
한갓 허황한 꿈의 갈피, 팽개친 돌멩이마저
포물선 끝자락에 매달려 되돌아온다

허공 건너
반듯이 착지하는 동작의 매끄러움
얼마나 정확하게 날아오르기 전 모습으로
되돌아오는가에 달려 있다, 뜀틀 벗어나
철봉 뛰어 넘어 한없이 날아오르고 싶은
아, 저 날렵한 발바닥이여

꽃 피우기

남들 다 떠난 뒤에 천천히
더 느리고 느긋하게 눈 뜨고 싶다

어차피 한 번 피었다 스러질 바라면
저렇듯 성급하게 서둘러 필 일인가

바람에 이리저리 쓸리는 꽃잎들
저렇듯 함부로 다투어 웃을 일인가

이슬방울 눈앞에 매달려 초롱여도
열띠고 달뜬 목마름 참고 견디면서
입술 꽉 다문 봉오리로 기다려야지

어차피 한 번만 힘쓰다 가야 한다면
뻘건 얼굴 혼신의 열정 모아야지

순금

순금은 도금하지 않는다

고니 조각한다고 착각하지 마라
다만 한 마리 나막 따오기인 것을

교목 허리춤에도 못 미치는 손길
칡넝쿨 한없이 뻗쳐오르진 못한다

맑게 닦인 거울일수록
온 세상 때 먼지 감출 수 없다

사납고 용맹스런 짐승은
뛰지 않고 머물 때도 발톱 세운다

아름다운 나무 그 그늘마저 짙푸르다

다시 봄날은 간다

봄날은
어수선한 바람 갈피 사이에서
눈물 씻다가, 꽃샘추위 속에 잠깐
휘황한 모습 펼치다가 가버리는
짧디짧은 단명의 계절이다

어둡고 추운 겨울 아픔 견뎌내면
바램의 한 잎 꽃 피워줄 것 같은
봄날은
소망 그림자 자락만 펄럭이다가
가버리는, 믿을 수 없고
정말 야속하기만한 계절이다

우리나라 시인들이 좋아한다는
〈봄날은 간다〉를 백설희의 애틋함
한영애의 맛깔스런 째즈풍까지

스물 한 사람 목소리를 담아다 준
서정원 시인의 〈봄날은 간다〉는
봄날 아닌 가을날에도, 슬픈
봄날은 간다, 다시 봄날은 간다

재활용 센타

먼지 뒤집어 쓴 일상 더미
하루하루의 삶들이 슬어놓은
닦이지 않는 찌든 때 자국을 보면
세상이 온통 먼지투성이다

한 때 눈부시게 빛나던 것들
하나같이 낡고 찌그러진 것 보면
처음의 그 고운 얼굴 맑은 눈동자
누구나 한결같이 오롯하고 싶겠지만
부딪쳐 헐고 깨어지는 게 일상의 삶

되살려놓을 수 없이 망가져버린
꺼멓게 패인 뺨 깊어가는 주름살이며
군데군데 켜켜이 밴 세월의 먼지와
바람 빠져 주저앉은 저 꿈의 풍선들

그리운 골목

언제나 어둠 속에
걸려 있던 흐린 외등 불빛

다닥다닥 맞붙은 지붕
담장 사이의 그 좁디좁은 길

싸우고 히히덕거리고 욕하고
헤어지고 한숨 쉬고 사랑했던
고달프고 힘든 골목의 생애

혼자가도 여럿이 몰려가도
단골선술집 같이 다 받아 주던
넉넉한 품을 지녔던 그 골목

어두운 전봇대 담벼락에
하염없이 쏟아내던 오줌줄기

발

망가지고 뒤틀어진 신발로
아무리 먼 길 걸으면서도
수고로운 발품으로 여기지 않고
묵묵히 몸 떠받히는 기둥 아래
단단한 그 기둥의 주춧돌 아니었나

돌아보면 헛되고 헛된 발자국들
무수히 삶이란 이름으로 찍혀 있어
때로 씁쓸하게 웃음 지으면서도
고단한 발가락의 아픔은 잊었었다

휴식의 연둣빛 어느 봄날
맑고 한적한 시냇물 찾아
열 손가락 따스한 온기 모두 모아
함부로 짓이겨 온 네 억눌림
가만히 어루만지며 탁족하고 싶다

이슬비

이슬비 이슬이 되어
풀잎에 맺혔다 구르는 날
할머니의 백팔 배 절 모습

천천히 두 손 모아 올렸다
온몸 던지듯 구겨지며 내려앉는
사람들 목쉰 숨소리 속에
땀 밴 할머니 어깻죽지

지쳐 욱신거리는 뼈마디로
오랜 습관처럼 관절 무너뜨리는
저 숙연한 경배의 자세

이슬비는 이슬처럼
고요히 마당을 적시고
방 안 희뿌연 안개 속에
할머니의 절집 사람들 숨소리

어둠

이제
다 지나온 길 같은데
또 거쳐야 할 흉가 같은 어둠

이른 아침
뜨거운 국물 다스려 집 나서면
지나는 골목마다, 아직
음흉한 칼날처럼 숨어있는 바람

삶은
시린 손, 바삐 주머니에서
빼내야 하는 한없는 빙판길
끊임없이 이어지는 어둠 벌판

밤이면
강물 위에 내리는 눈마저
얼음 날을 세우고, 나의 발길

흉가 같은 음산한 골목을 돌아
시린 손으로 걸어야 한다
끝나지 않은 어둠, 바람 안고

아침 소망

오늘이 다 가기 전에
죽음 같은 잠에 빠져들기 전에
아침 눈 뜨면서부터 한밤 내내
병실 뽀글거리는 산소호흡 같은
그런 답답하고 안타까운
어제 같은 아침이 아니기를

환하게 온통 이 다 드러내는
그런 웃음은 아니라도
미어지는 아픔 질근질근 씹는
입술로 견뎌야 하는 그런 밤, 다시
창살 같은 어둠 가리지 않기를

눈 떠 보지 않고도
느껴지는 따스한 숨결이었으면
다시는 눈부신 아침 못 본다 해도

미명의 새벽, 눈시울보다 먼저
입술에 떠오르는 미소이기를

노자 마을

흙냄새 풀풀거리는 토방이다

언제나 남보다 어리석고 약할 것
욕되며 남들 뒷줄에 서 있을 것

아무 것도 담지 않은 텅 빈 고요
마른 햇살 부스러기 몇 톨 뛰놀 뿐

무위의 햇살, 바람 따라 어른대는데
바람 스미는 창문 닫아 걸고
찾을 것 없이 산 언저리 서성이다
돌아와 앉으면 나른한 졸음의 한낮

단단한 것 깨어지고
우뚝한 것
날카롭게 벼려지고 예리한 것
모두 내려앉고 무디어 닳아질 뿐

저 무심결의 빈자리
아래로 아래로 천천히
어둠 적시며 흘러드는 물소리

3월

3월 새 학기
새 학년 새로운 시작이다

어제 밤늦게까지만 해도
매운바람에 눈물 씻던 잎새 사이
오늘 하늘은 안경알처럼 투명하다

아침 일찍 깨어난 개나리들
눈 반짝이고, 산자락에서 깔깔대며
달려온 저 진달래 봉오리 봉오리들

마을 앞 학교 길
재잘대며 쫄랑쫄랑
시냇물처럼 흐르는 초등학생 물결

마음은

가슴인가 머리인가
마음은, 어디에 있을까

왼쪽 오른쪽 두 뇌 잇는 다리
뇌량 끊어지면, 보고 듣는 것
말도 생각하지도 못한다는데

마음은
쉼 없이 펄럭이는 심장
실핏줄까지 스미는 선혈
감았다 뜨는 눈동자 속에
깃들어 있을까, 아니면

마음은
들이쉬고 내쉬는
숨결, 바로 그 자체일까

첨성대

천 리를 바라보는 혜안
채 십 미터도 안 되는 높이에서
어찌 천문 읽어낼 수 있었을까

수만 가구 집들 나지막하게 짓고
구릉 같은 무덤들 평지에 쓴 것까지
별자리 그림 판별하기 위한 視界

지붕 꼭대기 우물 닮게 쌓은 뜻도
잔잔한 물살에 비치는 별빛 헤아려
하나씩 건져 올리기 위함이었을까

하늘문자로 땅의 이치마저 깨달았을
앉아서도 천 리를 내다 본 혜안
아, 신라사람 그 깊고 그윽한 눈빛

흰 고무신

흰 고무신 한 켤레
닫힌 방문 앞에 가지런하다

나른한 봄 햇살 빗방울 튀듯
신발 가장자리에 하얗게 맺혔고
풍경소리 바람결에 날아다니다
고즈넉이 신발 속 스미는 적요

낮잠 주무시는 걸까
숨소리조차 들리지 않는 방 안
간간이 뻐꾹새 울음소리
곱게 바른 창호지 문 파르르 떨 뿐

흰 고무신 한 켤레
여전히 그대로 놓여 있다

콩나물 콩

콩나물 콩 그 마음 아는가
물만 주면 볕 가림 천만 덮씌우면
저절로 싹 틔우고 뿌리 내리는가

콩나물 콩은 한 번 눈 뜬 후면
다시 물속에 잠기려 하지 않는다

물 아니면 숨 쉬지도 못하고
물 아니면 자라지도 못하지만
마냥 물속에 잠기면 썩어버린다

콩나물 콩 그 긴장 아는가
한 순간의 물줄기를 기다리는
빼곡한 콩 대가리들의 고통을

머리에 쏟아질 물 언제일까
목줄띠 뻐근한 그 기다림을

콩나물, 일주일 간의 짧은 생애
그 좁디좁은 속박의 삶 아는가

탑

비바람
천둥 번개에도
무너지지 않음은
순간순간마다 잽싸게
이지러짐 채우고 채워
구족원만의 형평과 균형
제대로 이룩하기 때문

보이지 않아
겉 만지기만 할 뿐
속 안 뜨거운 결의
짐작이라도 하겠는가
솟아오른 만큼 더없이
단단한 응집의 날개
거역할 수 없는 은유

3

돌담

바람에도 무너지지 않고
바람마저 깔고 앉은 돌담
바람 앞에 웃통마저 벗어놓고
어깨결이 맞서는 검은 돌 무리

바다를 거슬러 온 햇살 한줌
아랫배 잔뜩 눌러 담았다가
바람에 파릇한 풀 이끼 기르며
잘 날 없는 바람세상 구획지어
시달리고 깎이고 바랜 세월

숭숭 뚫린 구멍으로 감싸 안은
깊은 어둠, 빛 단단한 결의
검은 돌담의 힘이여, 지혜여

우리 쌀

겉껍질 옷 벗고 알몸으로
눈발처럼 하얗게 끊임없이
쏟아져 내리는 저 눈부신 쌀알들

뜨거운 불길에 삶겨지고 잦아지며
한 톨 삶 끈끈하게 이어 온 목숨
저 도저한 역사, 우리 강줄기
되돌아보면 피댓줄처럼 뜨겁게
감기고 엮이어 밤낮없이 돌아 온
정미와 도정의 기나긴 세월

모내기에서부터 가을걷이까지
앙다문 어금니, 힘 실은 다리품으로
밟아 내린 디딜방아의 돌확 속에서
땀방울 함께 버무려 온 생명
먼지투성이 지푸라기 벗어 던진
투명한 가을 햇살, 새하얀 알몸

하늘 가득 머금은 강줄기처럼
유유히 흐르면서도 끊이지 않는
느긋한 유속의 저 빛나는 쌀알들

11월 11일

11월 11일이
농업인의 날이란 걸 몰랐다
그날 밥 먹고 김치를 먹으면서도
전북 담양, 서른여덟 살 젊은 청년
농민회관에서 농약 마시고 자살하며
유서 끝에 --농민의 날에--라고
써 놓기 전까지 나는 전혀 몰랐다

메타쉐콰이어 가로수 우거진
순창에 이르는 이십사 번 국도
우리나라에서 가장 아름다운 숲길
그 담양에서 딸기농사 벼농사 짓고
염소 기르며 꿈에 부풀었던 청년

마을 농민회장 다섯 형제 장남
너무나 모범적인 농민이었다는데
밤 새워 이 땅을 절망하다가

스스로 풀 길 없는 아픔의 어둠을
그는 마셨다, 농업인의 날
11월 11일 날 밤에

굴뚝 연기

굴뚝, 굴뚝만
희망이었던 때
아이들, 온통 새카만 손과 얼굴도
오로지 굴뚝, 시커먼 굴뚝 연기만
희망이었던 때가 있었지

산처럼 쌓였던 부둣가 석탄더미
꽤액 소리지르며 달려가던 기관차
씩씩 뿜어내던 시커먼 굴뚝 연기

동네에도 하나 둘 굴뚝 세워지고
목욕탕 유리공장 염직공장 굴뚝에도
밤낮없이 쏟아내던 그 검은 연기

오직 굴뚝만이
굴뚝 연기만이 희망이었던 때
아이들 도화지의 크레용 그림

기차 연기, 바다를 가르는 기선
커다랗게 엉켜 도는 톱니바퀴
연이은 삼각형 솟아오른 공장 굴뚝
그 굴뚝, 굴뚝마다
시커먼 연기 매달려 있었지

동대문

새벽까지 잠자지 않는 동대문
아침을 위하여, 눈부신 패션의
새로운 유행 새로운 유형을 위하여
잠자지 않는 패션 디자이너

온갖 체형 갖가지 몸피 겨냥하며
쌓아올려지고 널브러진 고뇌의 묶음
수없이 재고 잘라낸 밤의 겉껍질들

밤새 달려온 사람들의 눈빛 따라
고속버스 화물트럭에 실린 새벽별
패션을 위하여, 새로운 유행
오로지 새로운 유형을 위하여
달려가는 저 산더미 같은 묶음들

제부도

몇 십만 년 빚은 속살 드러내며
하루에 두 번씩 몸 벗는 제부도

삼형제 촛불 밝히는 매 바위
출렁이며 차오르는 바닷물에 갇혀
망망한 외로움으로 기다리는 일몰
다시 조수 드나는 길목 이를 때까지
그물 말뚝 위에 부리 닦는 갈매기

청칼치 복어 전어 조기, 소라 꽃게
갯벌에 서서 맛보아야 하는 숭어

어린 아이 업고 노인을 부축하여
갯고랑 건넜다는 제약부경의 섬
제부도, 날마다 보는 모세의 기적

영산 줄다리기*

쾌갱쾌갱
탁 타닥 두둥 둥 당…

영산 사람들
외지에서 온 사람들까지
참 흥겨움
참 놀이가 뭔지 말해 준다

신명을 모르는 자
술이라고는 질색인 자
더불어 한 판 어울려 보라

풍물이 뭔지
사물四物이 왜 가슴을 저미는지
발바닥이 어깨가
왜 저절로 들썩이는지

왜 바보같이
온종일 웃음을 흘리는지
참 막걸리 맛이 어떤지
내가 왜 한국인인지

쾌갱쾌갱
탁 타닥 두둥 둥 당…

돌아와서도
한동안 눈앞에 어른거리고
귓전에 쟁쟁한 풍물소리
그 흡정吸精을 말해준다

*경남 창녕 영산 3.1축제

박연*에서

연이어
떨어지는 물기둥 속에
찬란했던 고려왕조 도읍
거슬러 오르는 물줄기 보았나

예리한 칼끝 스칠 때마다
하늘 가장자리 잘려 날으고
어지럽게 흩날리는 물거품

흠뻑 젖은 옷차림으로
선사 지족 파계시킨 황진이
긴 머리털 붓으로 흘려 쓴
폭포 은하 시 구절 보았나

절구 속에 담겼다 부서지는
옥구슬 그 기나긴 매듭 따라
나뭇가지들 모두 면벽한 채

관음사 향하는 발돋움 보았나

*개성 박연폭포

만어사 돌길

만어사 가는 길
늘어나는 돌 바위 무더기
길옆 싸리꽃, 이따금 뻐꾸기 울음
산골 적막 깨뜨리는 영혼의 소리

고단한 삶이라도 식구들 모두 모여
구수한 토장 신 김치 한 입으로 웃으며
흙돌 담장만큼 따스했을 것 같은
햇살 고요히 깃드는 마을 빈 집터

누워 있고 서 있는 기묘한 형상의 돌
바위 닦아 지른 돌길 반질반질 윤이 나고
바람에 흔들리는 노오란 꽃잎

용왕의 아들 낙동강 건너며
무척산 신승 찾아 살 곳 일러 달랬더니
'가다가 멈추는 곳'

거기가 바로 인연의 자리라는 법문

만 마리 물고기들 함께 길 잡아 가다
문득 용왕 아들 미륵돌로 변신하고
물고기들 그 모습대로 굳어버린 곳
잠깐 머물러 쉬었던 자리 만어사

대천천 애기소*

금정산 푸르른 숲
고당봉 북문재 발원하여
산성마을 휘돌아 흘러 흘러
뿌리 머금었던 맑고 고운 이슬
보석같이 빛나는 물방울 쌓여
아늑한 물웅덩이 애기소 만들었네

너럭바위 지나 쉴새없이 떨어지는 물
마침내 폭포 이루었고 폭포 물밑
아득히 깊기만 하여 이심이
그 전설적 물용, 물뱀 살아 꿈틀거려
이심이소로 불리었고
울창한 삼림 숲 사시사철 푸른 이끼
마를 날 없는 이끼미소라 하였다네

넋을 놓을 만큼
너무나 황홀한 절경으로, 금지옥엽

애지중지하던 아기 생명과 바꾸었다는
슬픈 전설 담겨 흐르는 대천천 애기소

*산성에서 화명동 쪽 계곡에 위치

다리

세상 어디에서도 멋있고
아름다운 다리라면, 반드시
바다가 배경이어야 한다

대교든 연육교든 어떤 다리든
머리카락 해풍에 휘날려야 하고
갈매기 깃털 거친 이랑 너머
시시각각 푸른 눈 스며야 한다

눈부시게 반짝이는 비늘 바다
한달음으로 곧게 뻗은 난간
빠짐없이 빼곡히 채워지는
푸르디푸른 바다이어야 한다

부산항

우리나라 최초 최대 무역항이다
눈 앞 영도, 조도가 방파제 역할하는
하늘이 내린 천혜의 입지조건
몰운 기점 서도, 두도, 생도 남단
오륙도, 동백섬 이은 드넓은 내해
북항, 감천항, 신항, 다대포, 신선대항
근대항으로 제일 먼저 개항한 오랜 역사
제1종항, 내외무역의 관문이다

대한해협과 쓰시마 해협을 잇는 연락선
이키마루호 대마도에서 12시간 걸려
부산항에 닿은 것 시작으로 하여
일제의 국민, 조선징용령으로 이어졌다
지금 이틀마다 오가는 부관페리의 뱃길
30만 명 한국인들이 관부연락선 타고
홋카이도, 규슈탄광으로 끌려갔다.

"광막한 광야에 달리는 인생아
너에 가는 곳 그 어데이냐
쓸쓸한 세상 험악한 고해에
너는 무엇을 찾으려 하느냐…"

이바노비치 '다뉴브 강의 잔물결'에
노랫말 붙인 신여성, 윤심덕〈사의 찬미〉
귀국길 연락선 갑판 위에서
현해탄에 몸 던져 자살한 슬픈 노래는
암울했던 시대를 대변하고 있다

현해탄은 알고 있을까
학병으로 위안부로
정신대로 아오지 탄광으로 붙잡혀가
"어머니이- 보고 싶어요."
"아버지이- 배가 고파요."
일본군 막사, 갱구 벽에 써 갈긴

어린 아들 딸들의 뼈저린 그 외침을

제1부두에서 제7부두에 이르기까지
산더미같이 쌓인 컨테이너 박스처럼
눈부신 불빛으로 국제항이 된 부산항
발길 아래, 일렁이는 파도 속에
이별의 슬픔, 그리움의 정서 묻어나는
대중가요의 가사들과 전쟁과 환란의
혹독한 아픔들 함께 출렁인다

유엔 공원*

유엔 공원 바람 속에는
국제연합 각기 다른 제 나라 말로
우는 새 울음 묻혀 있다

큰 키로 발돋움하며 각기 다른
하늘로 가지 뻗는 나무들이 있다
잎새들은 찬바람 불기 전, 열 여섯
제 나라 국기색으로 단풍 짓는다

조국도 형제국도 아닌
멀고 먼 이국땅에서 나뭇잎 되어
나부끼는 뜻은 자유 평화 화합 사랑
국제연합 헌장 탓이 아니다

반세기 넘어서도 돌아가지 못하는
이천여 병사들의 파랑 노랑 영혼들
새 울음 뻗어나는 가지 끝에

핏방울보다 짙은 그리움과 눈물을
밤마다 새겨 놓았기 때문이다

*부산 대연동에 위치한 세계 유일의 유엔군 묘지

통영에 가면

한산섬 양지녘 햇살에
물새 떼 깃털 눈부시어
싱그러운 바닷바람 등지고
덤바우골 언덕 힘겹게 오르면
꿈이 살아있는 마을 동피랑 있지

"이 몬당꺼정 오신다꼬 욕봅니더.
무십아라! 사진기 매고 오모 다가.
와 넘우집 밴소깐꺼지 디리대고 그라노?
내사 마. 여름내도록 할딱 벗고 살다가
요새는 사진기 무섭아서 껍닥도 못벗고
고마 덥어 죽는줄 알았능기라."

따스한 통영 사투리도 걸려 있는
동쪽 벼랑이라는 가난한 마을 동피랑
한 때는 철거위기에 처했었지만
미대생들이 그린 벽화그림 때문에

온전히 창작마을로 보존 된다네

많은 벽화들 중에서도 유독
전봇대와 가로등 그리고 나무의자 그림
그 벽화 앞에 정말 의자 하나 놓여있어
"잠시 앉아서 아침 바다를 보시소"
벽화 속 전봇대의 글귀가 말하고 있지

정작 앉아서 보아야 하는 것 무엇인가
반짝이는 바다 아니지, 바닷가 시장
사람 머무르는 자리의 소박함과 고귀함
참으로 소중한 것 찾아보아야 하는
내 눈부터 닦아내는 일이지

달마산 미황사

육지 끝 불끈 솟은 해남 달마산
미황사 응진전 앞에 서서 바라보는
하늘 바다 뒤덮는 저 장려한 낙조

달마산 병풍 봉우리 더불어
황금빛 저녁놀 환상세계 떠오를 때
대웅보전 배흘림기둥 자라문양 주추

우아한 선으로 뻗은 팔작지붕보다
긴 세월 바랜 단청 맨얼굴 처마 밑에
달마능선 아래 붉게 물든 부도전에

물고기 게 문어 거북 숨은그림 속에
대웅전 괘불탱화 속에, 묵언! 속에
고졸과 적요의 극락 도사려 있다

구룡포 간다

송림 사이로
비 내리는 날
지느러미 펄떡이는 동해바다
구룡포 석병 마을 간다

참가재미 쫀득한 맛 살아 있고
한겨울 눈바람 과메기 피대기
얼지도 굳지도 않으면서
눅진한 동해바다 물끼 머금은
구룡포 석병 땅끝마을 간다

비 내리는 날
마른 먼지 푸석이는
가슴 한 켠에 온통 하얗게
천일염 거친 소금 뿌리러 간다
비린 갯바람 맞으러 간다

무위사

넓은 강진 들 용트림으로
기암괴석 함께 솟은 월출산
눈 내리는 날 찾고 싶은 절집

일주문 없어 해탈문 들어서면
아무런 행위 하지 않음보다도
선리의 깊은 세계 무위사 적막
추녀 없는 맞배지붕 선미

화룡점정의 점정 잃어버린 눈
흙 날바탕 절묘한 후불벽화
수수하고 단아한 극락보전
시련과 세월의 아픔 빚은
강한 백제 여인 미륵전 석불

내리는 눈발 속에 떠오르는

언제나 말없이 입 다문 모습
고즈넉한 사찰 무위사여

땅끝에서 보길까지

1

해남 토말까지 와서
눈 둘 곳은 바다뿐인데
어두운 11월 밤바다는 보이지 않고
머리카락 곤두세우는 바람뿐이다

참담한 땅끝까지 불어닿는 차가운 바람
해 지고 저물면 모르는 일
바다 속 뜨거운 심장 잠들면 모르는 일
멈춰버린 시간의 유장함 헤저으며
수천수만 년 아득한 세월을 부르는 곳

오랜 방황, 별빛마저 사라진 흐린 하늘
찬서리 같은 머리털 펄럭이는 수렁
어둠 바다 속에서 건질게 무엇인가
텅 빈 허공에 맺혀드는 안타까운 눈물

발끝 닿은 토말은 온통 바람뿐이다

2

보길도행 카페리에서 바라보는
해넘이 서해바다에 떠오르는 일출
동해 정동진 눈부시게 통랑한 화살 햇살
예까지 스며 고산 보길도 환하게 비춘다

갓끈 풀어 놓고 물결 향해 외쳐 부르던
농암의 어부가 이음 아닌 줄은 알았지만
옥빛 곱고 은은한 호수 같은 바다 섬에
부용동 이름처럼 수석송죽 펼쳐놓고
창랑한 달빛 불러 절대공간 꿈꾸던 곳

궁궐 원정 같은 드넓은 세연정에서
날마다 기생 화동 더불어 음풍 일삼던 곳

세상 풍류 내던지고 동천석굴 앞에 앉아
신선 염원했던 고산의 섬 보길도여
아, 지국총 지국총 어사와

호두

아득히 높은
가지 끝에 매달린 가을

봄비와 여름 땡볕
어찌 그것 뿐이었겠나

사납고 추운 바람
흔들어 깨우지 않았다면

어찌 휘지도 줄지도 않는
명품가구 되었겠나

천안명물 호두과자, 어찌
열차마다 넘쳐나겠나

애월 바다*

가라앉아라
우뚝 솟은 바윗돌이여
스며드는 산기슭 오랜 침묵
사방팔방 어둠이 밀려들어
닦고 닦아도 보이지 않는 하늘

아예 마음 자락 풀어놓고
일지 않는 젖은 불씨 밟아 끄고
맺힘 없는 어두운 길 떠나가라
어둠 속에서 별빛처럼 밝혀 온
희미한 숨결 같은 게 삶이라면

세상 분노 잠재우신 어머니
오직 그 침묵으로 눈 감아라
하늘 잃은 저 드넓은 바다처럼
울음소리 속으로만 삭이면서

*제주 애월읍

시인의 산문

물에 대한 생각

 동양사상의 원천인 〈주역〉에서 하늘과 땅의 의미를 현격하게 드러내는 일월은 천지의 대행자로서 역할을 수행하는 존재이고, 이러한 해와 달의 운동, 즉 우주적 율려(律呂)에 영향을 미치는 중요한 요소가 바로 물과 불이다. 상향하는 불을 땅의 아들이라는데 반하여, 물은 하늘에서 땅으로 하강한 하늘의 딸이라고 한다.

 물은 생명이다. 나무뿌리 풀뿌리들이 머금은 물로 인하여 산은 푸르고 들판에는 곡식이 무르익어 가며, 저 태백 황지(潢池)에서 비롯한 샘물이 우리국토를 아래로 옆으로 종횡하며 낙동강의 간 지류를 이루어 유유히 흘러내려 바다에까지 이른다.

 물은 정직하고 또한 겸허하여 아래로, 보다 더 낮은 곳으로 흘러 내려, 한 방울씩 떨어져 모여진 물들이 점점 불어나 개천이 되고 시냇물이 된다. 더구나 맑고 깨끗한 물만이 아니라 오염된 물, 더러운 물도 가리어 거부하지 않고, 부드럽게 푸른 손을 내밀어 언제나 맞잡아 준다.

 물은 산소와 수소의 결합물이지만 가장 순수하게 자연 그대로의 모습으로 존재하는 대상이다. 바닷물이나 강물 외에도 지하수, 우물, 빗물, 폭포수, 온천수까지 모두 물이며, 추운 날의 서리, 눈, 얼음도 물의 다른 모습이며, 지표의 모든 물들은 한 순간도 쉬지 않고 끊임없이 수증기로 변모 확산하려는 작용을 내포하고 있다.

 물은 무섭고 위대하다. 한꺼번에 범람하여 산을 깎아내고 골짜기를 만들고 단단한 바위를 침식하고, 엄청난 격랑은 해안선을 다시 긋기도 하고, 섬이나 연안의 형태를 아예 바꾸어 버리기도 한다. 물은 지구상의 모든 기상과 기후를 좌우할 뿐만 아니라 식물이 뿌리 내릴 수 있는 흙을 만드는 근원적 힘이 되기도 하고, 증기와 수력전기는 산업의 핵심인 기계를 움직이기도 한다.

 물은 생명력을 부여하는 자연적 존재이지만, 바로 생명체 그 자체이기도 하다. 사람과 모든 살아있는 생물체의 생체를 이루는 대표적 성분이기 때문이다. 인체 70%, 어류 80%, 수중미생물 95%가 물이라고 한다. 그리고 생물체로서 살아있는 생명 현상이 바로 물속에 용해된 수용액의 복잡한 변화과정을 통하여 생성된다고 한다.

우리 고유의 민속 행사였던 물맞이 굿의 의미도 역동적 생명력의 창출과 함께 내면에서 자연 발생적으로 길러진 생명의식의 표상이었다고 생각한다. 우리 선조들이 단오절이나 유두절에 온 몸 가득 시원한 물줄기를 맞으면서, 갖가지 횡액과 재앙을 막고 한 해의 건강을 다짐했던 것은, 바로 물에서 얻을 수 있는 생명에 대한 간절한 기원과 복원을 염원했기 때문이다.

노자는 〈도덕경〉에서 비유와 역설적인 표현을 많이 썼다. 그는 남보다 앞에 나서는 것보다 뒤로 물러서는 것을 강조했고, 강(强)보다는 약(弱)을 역설했다. 진취와 능동과 적극의 의지보다 체념과 은둔과 겸양의 덕성을 역설했다. 그가 말하는 상선(上善)은 최고의 선이란 뜻이다. 선에도 상, 중, 하가 있는데 가장 으뜸가는 선이 상선이다.

상선은 물과 같다고 했다. 첫째, 물은 천하 만물을 모두 이롭게 한다. 물 없이는 만물이 살아갈 수가 없기 때문이다. 물은 이처럼 가장 큰 공덕을 갖지만 그러나 결코 남과 공명을 다투지 않는다. 둘째, 인간은 자꾸 높은 곳으로 올라가려고 애쓰지만 물은 언제나 낮은 데로만 흘러간다. 낮은 데서 높은 곳으로 거슬러 올라가는 물은 없다. 물은 우리에게 스스로를 낮추는 겸손의 덕을 가르친다. 셋째, 물은 낮은 데로 내려갈수록 점점 더 부피가 불어난다. 산속의 조그마한 냇물이 끊임없이 낮은 데로 흘러 큰 시내를 이루고, 여러 물줄기들이 강이 되었다가 마침내 망망한 대해에 도달하는 것이다.

처음 발원할 때에는 미약한 물방울에 불과하였지만 결국에는 거대한 바다가 되는 물의 도도한 유동성. 잠깐도 쉬지 않고 철썩이는 파도처럼, 높은 데서 낮은 데로 쉴 새 없이 흐르는 물의 속성. "인간도 물의 지혜를 배우고 그 덕을 본받을 때, 물처럼 자연스러운 존재가 될 수 있다."는 것이 노자의 물의 철학이며 상선, 즉 최고의 선은 물과 같다는 것이다.

고대 그리스 최초의 철학자 탈레스는 그 자신의 그림자로서 피라미드의 높이를 정확히 측정하기도 했고, 기원전에 이미 일식을 예상하는 천체관도 있었지만 "우주는 그 본체가 물이다."라고 하였다. 바닷가에서 태어나 성장했다는 그의 학설은 다만 물질적 존재로서의 물만을 가리키는 것이 아니고, 스스로 운동하며 살아있는 물의 정신적 측면도 함께 고려하여 일컬은 말이라고 한다.

물은 우리들 인체는 물론 모든 만물(모든 생명체)을 구성하는 구조의 주체이면서 본체이다. 특히 식물들을 보면 별 다른 영양분의 공급 없이 오로지 물만 가지고도 훌륭하게 생명을 유지하며 성장하지 않는가.

동양철학의 기본이 되는 음양 오행(五行)도 물(水)에서 시작하여 그 물이 형체를 바꾸어 가며 변화하여 목화토금(木火土金)으로 변형 생성한다고 한다. 물이 지니는 근원적 속성에 대하여 하나로 뭉치려고 하는 응고성, 낮은 곳으로 저절로 흘러드는 자율성, 그리고 무한한 운동의 조화성을 가진 것으로 인식한다.

하도(河圖)는 우주 변화의 원리이며 동양사상의 원초적 바탕이고 천지창조의 설계도라고 한다. 문자 이전 아득한 시대에 복희씨에게 계시처럼 다가온 용마(龍馬)의 잔등에 새겨져 있었다는 그 오묘하고 신비한 그림 같은, 부호 같은 문양.

팔괘가 여덟 차례 변화하면서 마침내 완성된 육십사 괘인 〈주역〉에 이르러 공자를 오랫동안 불면의 고심에 빠져들게 하였고, 성리학자 퇴계에게 평생 고치기 어려운 고질병까지 안겨다 주었으며, 다산에게도 기나긴 유배시간을 죽이게 했다는 사상 초유의 철학적 과제.

거북 껍질의 갑골문양 낙서(洛書)와 함께 상생 상극 무극에서 태극으로 다시 천지자연의 파생을 역설하는 주역사상도 결국 '하도'라고 하는 물에서의 유래가 아니겠는가.

물은 모든 물질변화의 시작이기도 하지만 또한 모든 변화의 마지막 완성의 단계이다. 동양의 생성원리는 시작과 마침으로 끝나는 서구식의 종결법이 아니라, 끝없는 순환과 반복의 질서로 이어지고 되풀이됨으로써, 모든 생명과 정신이 통합되고 통일되는 최종 단계마저 처음 시작의 모습과 흡사하고, 그 시작과 완성의 형태를 물이라고 하며, 물은 최종 완성단계에서 깊은 내면까지 응고되는 정(精)과 핵(核)을 가진다고 한다.

한겨울을 차디찬 눈밭에서 지나고 나서야 더욱 생생하게 푸르러지는 보리는 물론, 구근(球根)식물인 백합이나 히아신스의 알뿌리가 추위 속에 응고되면 될수록 더욱 강한 내적 생명력을 함축해 두었다가 이듬해 봄이 오면 빠른 속도로 자라나게 하는 것이 물이 지닌 생명력의 본보기가 될 것이다.

탈레스는 또 "모든 만물은 신성(神性)으로 충만 되어 있으며 그 대표적 사물이 물"이라고 하였다. 만유신(萬有神)은 일종의 애니미즘적 시각으로도 보여지지만, 물질적 사물로서의 단순한 물이 아니라 어떤 정신과 영혼을 가진 영성적 존재로서의 물을 말하고 있는 것이다.

바슐라르도 〈물과 꿈〉에서 "봄의 태양에 비추어진 물의 여러 현상은 범속한 포에지(poesie)를 활기 있게 하며 풍부한 은유를 제공한다." 그리고 또한 "물은 무거워지고, 어두워지고, 깊어져, 스스로 물질화 된다. 이와 같이 물질화한 몽상은 감각적인 몽상에 물의 꿈을 결부시키면서 보다 강하고 깊이 있게 물을 느끼게 된다."라고 물에 대한 내면적 명상을 통한 상상의 구현을 표현하고 있다.

물에 깊은 관심을 가졌던 에모토 마사루는 〈물은 답을 알고 있다〉에서 물에 정신이 있음을 증명하였는데, 물을 얼려 그 결정(結晶)의 모습을 사진으로 찍으면서 '사랑합니다' '고맙습니다'라고 말하면 선명한 정육면체의 결정을 이루고, 이와 반대로 나쁜 말을 하면 바로 그 육각형을 찌그러뜨린다고 한다.

그리고 물을 향하여 아무 말 없이 음악을 들려주거나 심지어 말 대신 글자로만 '사랑합니다' '고맙습니다'를 써서 보여주기만 해도 민감하게 반응한다는 것은 바로 물이 가지고 있는 고유의 영성적(靈性的) 정신력을 의미하는 것이 아니겠는가.

"왕희지 놀던 /소흥 난정에 가서 /연못에 금어(金魚)들 헤엄치는 걸 보며 저거로군, 무릎을 치네. /그를 서성(書聖)이 되게 한 건 /물고기의 몸놀림, 그리고 /공중에 마음껏 /서체(書體)를 만들고 있는 /나뭇가지들"

해서, 행서, 초서를 완성해 이른 바 서성(書聖)이라 불리던 왕희지가 연회를 벌인 소흥 난정. 그곳에서 서예를 예술의 경지로 끌어올린 왕희지의 글씨가 어디서 비롯하였을까. 연못에서 유유히 헤엄치는 물고기들의 모습과, 자연스레 뻗어난 나뭇가지들의 그림자. 왕희지 글씨의 기막힌 모델이었으며 그 독특한 서체마저 물속에서 건져 올린 발상이었다니….

푸른 눈

1판 1쇄 · 2013년 1월 31일

지은이 · 오정환
펴낸이 · 서정원
펴낸곳 · 도서출판 전망
주　　소 · 부산광역시 중구 중앙동3가 12-1 우편번호 · 600-013
전　화 · 466-2006
팩　　스 · 441-4445
출판등록 제카1-166
ⓒ 오정환 KOREA
값 8,000원

ISBN 978-89-7973-342-6
w441@chollian.net

* 저자와 협의에 의해 인지를 생략합니다.